D0537006

Animales llamados

Peces

Kristina Lundblad y Bobbie Kalman

🌳 Crabtree Publishing Company

www.crabtreebooks.com

APR 2007
SALINAS PUBLIC LIBRARY

Animales llamados peces

Serie creada por Bobbie Kalman

Dedicado por Shelly Book
Para Justin Book, un niño audaz a quien le fascinan las muchas maravillas de los océanos

Editora en jefe
Bobbie Kalman

Equipo de redacción
Kristina Lundblad
Bobbie Kalman

Editora de contenido
Kelley MacAulay

Editoras
Molly Aloian
Reagan Miller
Kathryn Smithyman

Diseño
Katherine Kantor
Margaret Amy Reiach
(portada)
Robert MacGregor (logotipo
de la serie)

Coordinación de producción
Katherine Kantor

Investigación fotográfica
Crystal Foxton

Consultor lingüístico
Dr. Carlos García, M.D., Maestro bilingüe de Ciencias, Estudios Sociales y Matemáticas

Consultor
Luke K. Butler, Ph.C., Departmento de Biología y Museo Burke de Historia Natural,
    University of Washington

Ilustraciones
Barbara Bedell: páginas 4 (todas excepto el pez dorado y el pez león), 5 (lamprea y tiburón),
    6 (arriba, a la izquierda y a la derecha), 8, 10, 14 (arriba, izquierda y derecha), 20,
    24 (inferior), 26, 32 (peces con huesos y alimento)
Katherine Kantor: páginas 5 (manta), 12, 16 (arriba, a la izquierda y a la derecha), 32 (manta)
Cori Marvin: páginas 4 (pez león), 5 (raya y mixino), 11, 27, 28, 32 (branquias,
    peces sin mandíbula y rayas)
Margaret Amy Reiach: páginas 4 (pez dorado), 7, 14 (inferior), 18, 22 (arriba,
    izquierda y derecha), 24 (arriba, izquierda y derecha), 25
Bonna Rouse: páginas 6 (inferior), 16 (inferior), 22 (inferior), 30, 32 (columna vertebral y tiburones)
Tiffany Wybouw: página 31

Fotografías
Bruce Coleman, Inc.: Hans Reinhard: página 28 (derecha)
Minden Pictures: Michael Quinton: página 17 (superior); Fred Bavendam: página 23 (superior)
Photo Researchers, Inc.: Anthony Bannister: página 22; Rondi/Tani Church:
    página 28 (izquierda); Tom McHugh: página 29 (inferior)
Seapics.com: ©Doug Perrine: página 26 (inferior)
Visuals Unlimited: Brandon Cole: página 17 (inferior); Wendy Dennis: página 18;
    David Wrobel: página 29 (superior)
Otras imágenes de Corel, Digital Stock y Photodisc

Traducción
Servicios de traducción al español y de composición
    de textos suministrados por translations.com

Crabtree Publishing Company

www.crabtreebooks.com   1-800-387-7650

Copyright © **2006 CRABTREE PUBLISHING COMPANY**.
Todos los derechos reservados. Se prohíbe la reproducción total o parcial
de esta obra, su almacenamiento en sistemas de recuperación o su
transmisión en cualquier forma o por cualquier medio, ya sea electrónico
o mecánico, incluido el fotocopiado o grabado, sin la autorización previa
por escrito de Crabtree Publishing Company. En Canadá: Agradecemos
el apoyo económico del Gobierno de Canadá a través del programa
Book Publishing Industry Development Program (Programa de desarrollo
de la industria editorial, BPIDP) para nuestras actividades editoriales.

Cataloging-in-Publication Data
Lundblad, Kristina.
    [Animals called fish. Spanish]
    Animales llamados peces / written by Kristina Lundblad & Bobbie Kalman.
    p. cm. -- (¿Qué tipo de animal es?)
    Includes index.
    ISBN-13: 978-0-7787-8833-1 (rlb)
    ISBN-10: 0-7787-8833-4 (rlb)
    ISBN-13: 978-0-7787-8869-0 (pbk)
    ISBN-10: 0-7787-8869-5 (pbk)
    1. Fishes--Juvenile literature. I. Kalman, Bobbie, 1947- II. Title. III. Series.
QL617.2.L8618 2006
597--dc22   2005036524
                                                  LC

**Publicado en
los Estados Unidos**

PMB16A
350 Fifth Ave.
Suite 3308
New York, NY
10118

**Publicado en
Canadá**

616 Welland Ave.,
St. Catharines, Ontario
Canada
L2M 5V6

**Publicado en el
Reino Unido**

White Cross Mills
High Town, Lancaster
LA1 4XS
United Kingdom

**Publicado en
Australia**

386 Mt. Alexander Rd.,
Ascot Vale (Melbourne)
VIC 3032

Contenido

¡Peces fantásticos!

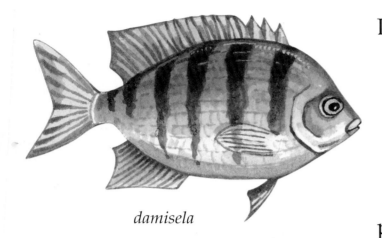
damisela

Los peces son animales que viven en el agua. Los peces habitan en todo el mundo. Algunos son pequeños y otros, grandes. Hay tres grupos principales de peces.

pez dorado

Peces con huesos

Un grupo de peces son los **peces con huesos**. La mayoría de los peces pertenecen a este grupo. La damisela, el pez dorado y el pez león que aparecen en esta página son peces con huesos. En las páginas 24 y 25 puedes leer más sobre los peces con huesos.

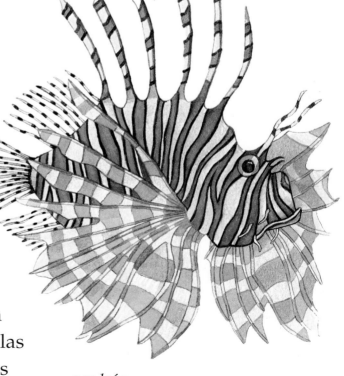
pez león

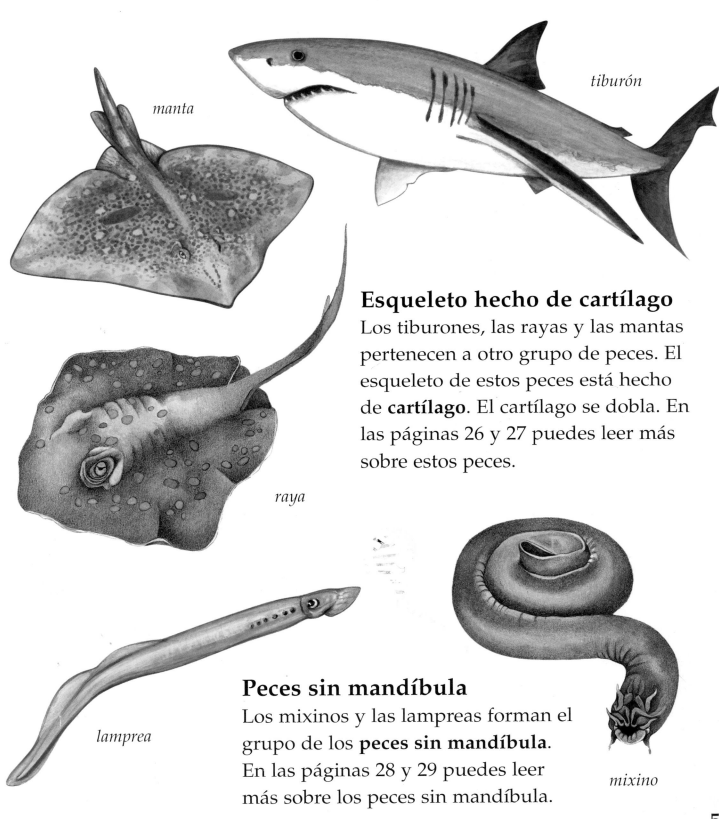

manta

tiburón

raya

Esqueleto hecho de cartílago

Los tiburones, las rayas y las mantas pertenecen a otro grupo de peces. El esqueleto de estos peces está hecho de **cartílago**. El cartílago se dobla. En las páginas 26 y 27 puedes leer más sobre estos peces.

lamprea

Peces sin mandíbula

Los mixinos y las lampreas forman el grupo de los **peces sin mandíbula**. En las páginas 28 y 29 puedes leer más sobre los peces sin mandíbula.

mixino

5

 # El cuerpo de los peces

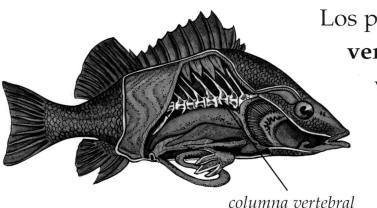

columna vertebral

Los peces tienen **columna vertebral**. La columna vertebral está dentro del cuerpo. Está formada por huesos que van a lo largo del lomo del animal.

La mayoría de los peces tienen dientes.

Todos los peces tienen **aletas**. Las aletas sirven para nadar en el agua.

La mayoría de los peces tienen **mandíbulas**. La mandíbula es el hueso que forma la boca del pez.

Las escamas de los peces

La mayoría de los peces tienen **escamas** en el cuerpo. Las escamas cubren su piel y la protegen. Pueden ser de distintos colores, formas y tamaños. Algunos peces tienen escamas lisas y pequeñas. Otros tienen escamas grandes y rugosas.

¡Mira esta imagen ampliada de las escamas de un pez!

Algunos peces pueden cambiar de color a medida que crecen. Este joven pez ángel cambiará de color a medida que envejezca.

7

Sangre fría

Los peces son animales de **sangre fría**. El cuerpo de estos animales permanece aproximadamente a la temperatura del lugar donde viven. Los peces que viven en climas fríos tienen el cuerpo frío. Los peces que viven en climas cálidos tienen el cuerpo caliente.

Este pez es un bacalao malvo. Vive en aguas frías, así que tiene el cuerpo frío.

Los peces payaso viven en aguas cálidas. Su cuerpo está caliente.

Las branquias de los peces

Todos los animales deben respirar **oxígeno** para sobrevivir. El oxígeno es un gas que está en el aire. También hay oxígeno en el agua. Los peces usan unas partes del cuerpo llamadas **branquias** para respirar el oxígeno que hay en el agua.

Las branquias son unas aperturas a los costados del cuerpo de los peces. Aquí se pueden ver a través de la boca de este pez.

¿Qué son las branquias?

Para respirar oxígeno, los peces abren la boca y tragan agua. El agua pasa por las branquias, que toman el oxígeno del agua. Para exhalar, los peces cierran la boca y sacan el agua a través de las branquias.

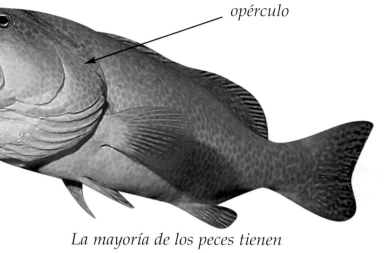

opérculo

La mayoría de los peces tienen **opérculos**. *Los opérculos son solapas de piel que cubren las branquias. Los opérculos protegen las branquias.*

Usar las branquias

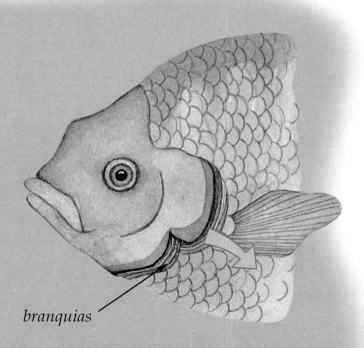

branquias

Cuando un pez inhala, toma agua por la boca. Sus branquias están cerradas.

Cuando un pez exhala, las branquias se abren y la boca se cierra.

11

¿Cómo nadan los peces?

El cuerpo de los peces es liso y delgado
y está hecho para nadar. También está
cubierto de **mucosidad**. La mucosidad
es una capa de baba que ayuda a los
peces a desplazarse por el agua.

Los peces tienen músculos fuertes a los costados del cuerpo. Les sirven para nadar.

Las aletas de los peces

Los peces tienen aletas en el vientre, el lomo y los costados. ¡La cola también es una aleta! Algunas son grandes. Otras son pequeñas. Los peces nadan moviendo las aletas. Las usan para girar, detenerse y avanzar.

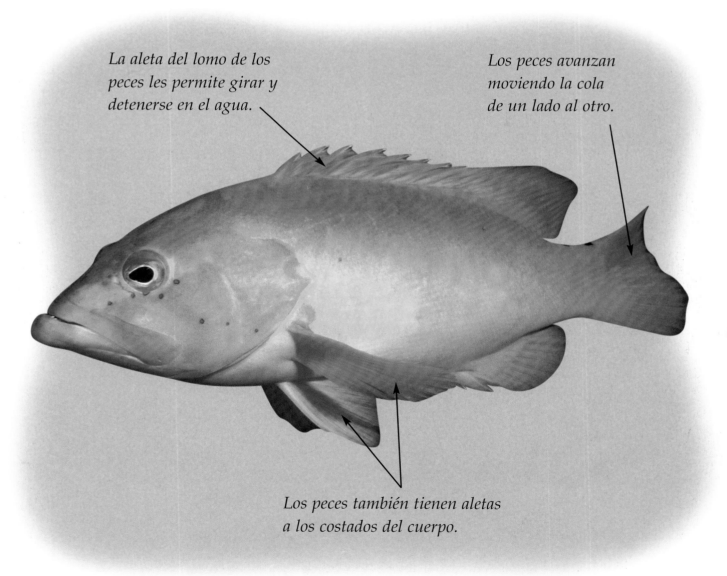

La aleta del lomo de los peces les permite girar y detenerse en el agua.

Los peces avanzan moviendo la cola de un lado al otro.

Los peces también tienen aletas a los costados del cuerpo.

Agua salada

Los rapes viven en lo profundo del océano. Las partes profundas de los océanos son frías, oscuras y silenciosas. Muy pocas plantas crecen allí.

En cada **hábitat** viven distintos tipos de peces. Un hábitat es el lugar natural donde vive un animal. La mayoría de los peces viven en el océano. El agua de los océanos es salada. Algunas partes son profundas y frías. Otras son poco profundas y cálidas.

Algunos peces viven tanto en aguas profundas como poco profundas. Esta barracuda a veces vive en aguas profundas. Otras veces vive en aguas poco profundas.

Arrecifes de coral

Muchos peces y plantas viven
en los arrecifes de coral. Los
arrecifes de coral están en aguas
cálidas y poco profundas. Son
lugares muy coloridos. El
arrecife de coral que se muestra
en esta página está lleno de
distintos tipos de peces.

Agua dulce

Algunos peces viven en ríos, lagos, lagunas y pantanos. Estos hábitats tienen agua dulce. El agua dulce no tiene sal. La mayoría de los hábitats de agua dulce no son tan profundos como los de agua salada.

Las carpas viven en lagos, ríos y lagunas. Suelen remover el lodo para sacar animales pequeños que les sirven de alimento.

Muchas truchas viven en arroyos. El agua de los arroyos se mueve rápidamente. Por eso, el cuerpo de estas truchas es largo y fuerte.

Algunos tipos de peces pueden vivir tanto en agua dulce como salada. Los salmones nacen en arroyos de agua dulce. Luego nadan mucho para ir a vivir en los océanos.

El alimento de los peces

Los peces deben comer para vivir. Cada tipo de pez se alimenta de una comida distinta. Muchos de los que viven en agua dulce comen plantas. En el agua dulce crecen muchas plantas, así que los peces tienen mucho alimento.

Este pez es una tilapia. Es de agua dulce. Se alimenta de plantas y otros animales.

Peces carnívoros

La mayoría de los peces que viven en los océanos cazan y comen otros animales. Los animales que cazan y comen otros animales se llaman **depredadores**. Los animales de los que se alimentan son la **presa**. La mayoría de los peces que son depredadores tienen dientes filosos y mandíbulas fuertes para atrapar a sus presas.

Los peces cabra manchados son depredadores. Comen otros animales.

Las morenas son depredadoras. Usan sus dientes largos y filosos para comer pulpos y peces.

19

 # Medidas de protección

Los peces tienen distintas maneras de protegerse de los depredadores. Algunos nadan tan rápido que muy pocos depredadores pueden atraparlos. Otros se ocultan. Para ello, se confunden con las piedras, corales o plantas que hay a su alrededor.

Este pez marrón del Caribe se confunde con los colores de las piedras de su hábitat. Esto le permite ocultarse de los depredadores.

*Un grupo de peces que nadan juntos se llama **cardumen**. Nadar en un cardumen ayuda a los peces a protegerse. Un cardumen parece un gran pez. La mayoría de los depredadores no atacan peces tan grandes.*

Púas filosas

Algunos peces se protegen gracias a las **púas** que tienen en su cuerpo. Las púas son partes del cuerpo con forma de agujas filosas. Este pez erizo traga agua para inflar su cuerpo. Cuando está inflado, ¡los depredadores ven las filosas púas! Las púas filosas hacen que sea difícil comerlo, así que la mayoría de los depredadores no se le acercan.

Los huevos de los peces

La mayoría de los peces ponen huevos. Algunos ponen pocos huevos por vez. ¡Otros ponen miles de huevos de una sola vez! Algunos peces nacen tan solo uno o dos días después. Otros nacen después de unos meses.

(izquierda) ¡No todos los peces nacen al mismo tiempo! Este salmón acaba de salir del huevo. Los otros peces todavía no salen del cascarón.

¡Esta trucha arcoiris está saliendo del huevo!

Proteger los huevos

Muchos tipos de animales comen huevos de peces. Algunos peces protegen sus huevos para que no se los coman. Muchos los esconden en el lodo. Otros peces los esconden en su boca. Otros los llevan en bolsas especiales que tienen en su cuerpo.

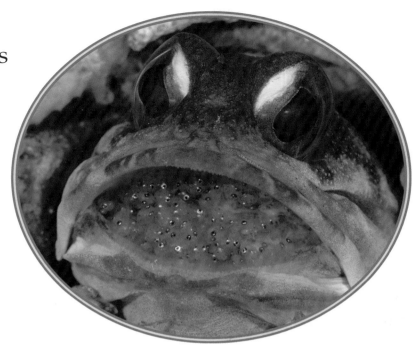

¡Este pez mandíbula macho transporta sus huevos en la boca!

La mayoría de los peces no cuidan a las crías. Después de nacer, éstas deben cuidarse a sí mismas. Esta cría de sargo está buscando alimento.

Peces con huesos

pez loro

Hay más peces con huesos que de cualquier otro tipo de peces. El esqueleto de los peces con huesos está formado por huesos duros. El exterior de su cuerpo está cubierto de escamas lisas y delgadas. Los peces loro tienen huesos.

¡El pez león es un pez con huesos muy peligroso! Tiene púas filosas en el cuerpo, que son venenosas.

Este pececito de colores tiene huesos. Muchas personas los tienen como mascotas en peceras.

El pez mariposa tiene huesos. Su cuerpo es redondo y delgado. La boca está en punta. El pez mariposa la usa para buscar comida entre las piedras y plantas.

Huesos que se doblan

La piel de los tiburones, las rayas y las mantas parece lisa, pero está cubierta por escamas ásperas.

Los tiburones, las mantas y las rayas pertenecen a otro grupo de peces. El esqueleto de estos peces está hecho de cartílago. El cartílago es liviano y se dobla. ¡Tus orejas están hechas de cartílago! Gracias al esqueleto que se dobla, los tiburones, rayas y mantas pueden moverse fácilmente en el agua.

Las crías de los tiburones

Algunas crías de tiburón no nacen de huevos sino que **nacen del cuerpo de la madre**. Los animales que nacen del cuerpo de la madre no salen de un huevo.

Mantas y rayas

El cuerpo de las mantas y rayas es ancho y chato. Tienen aletas grandes que parecen alas. Su cuerpo chato se desliza fácilmente por el fondo del océano. El color de estos peces es igual al de la arena y las piedras del fondo del mar. Al confundirse, pueden ocultarse para atrapar a su presa.

La raya venenosa tiene una púa con veneno en la punta de la cola. La usa para picar a los depredadores.

El cuerpo de la manta es del mismo color que la arena del fondo del océano.

Peces sin mandíbula

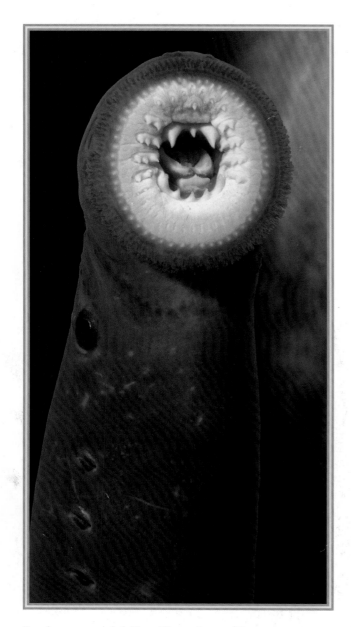

Los mixinos y las lampreas son peces sin mandíbula. Forman el grupo de peces más pequeño. Estos peces no tienen mandíbulas, que son los huesos que sostienen los dientes de un animal. En su lugar, tienen una boca redonda. La usan para chupar el alimento.

La lamprea del Pacífico tiene dientes diminutos dentro de la boca. Con ellos corta la piel de su presa. Luego le chupa la sangre.

Esta lamprea de mar le ha clavado los dientes a un pez con huesos. Le está chupando la sangre.

Piel lisa

El esqueleto de los peces sin mandíbula es de cartílago, al igual que el esqueleto de los tiburones, las mantas y las rayas. Los peces sin mandíbula no tienen escamas. Tienen la piel lisa y pegajosa.

¡Los mixinos son casi ciegos! Encuentran el alimento con el sentido del tacto y el olfato.

Cuando un mixino está en peligro, ¡le sale una baba de la piel! La baba atrapa al depredador para que el mixino pueda escapar.

29

¿Es un pez?

Los peces habitan las aguas de todo el mundo, pero… ¡no todos los animales que viven en el agua son peces! En esta página se muestran animales que viven en el agua. ¡Adivina cuáles son peces y cuáles no!

El caballito de mar tal vez no se parezca a otros peces, ¡pero es un pez con huesos!

¿Los cangrejos son peces?

Los cangrejos no son peces. Los peces tienen columna vertebral, mientras que los cangrejos no. Pertenecen a un grupo de animales llamados **crustáceos**. Los crustáceos tienen cubiertas duras sobre el cuerpo. No tienen escamas, al contrario que los peces.

¿Las estrellas de mar son peces?

Algunas personas llaman peces a estos animales, pero no lo son. Las estrellas de mar no tienen columna vertebral. Su cuerpo está cubierto de púas filosas, que hacen que los depredadores no las puedan comer fácilmente.

¿Las ballenas son peces?

Las ballenas viven en los océanos, pero no son peces. Son **mamíferos**. Los mamíferos no tienen branquias, como los peces. Las ballenas respiran con sus **pulmones**, igual que tú. Los pulmones son partes del cuerpo que absorben aire y lo dejan salir.

ballena jorobada

31

Palabras para saber e índice

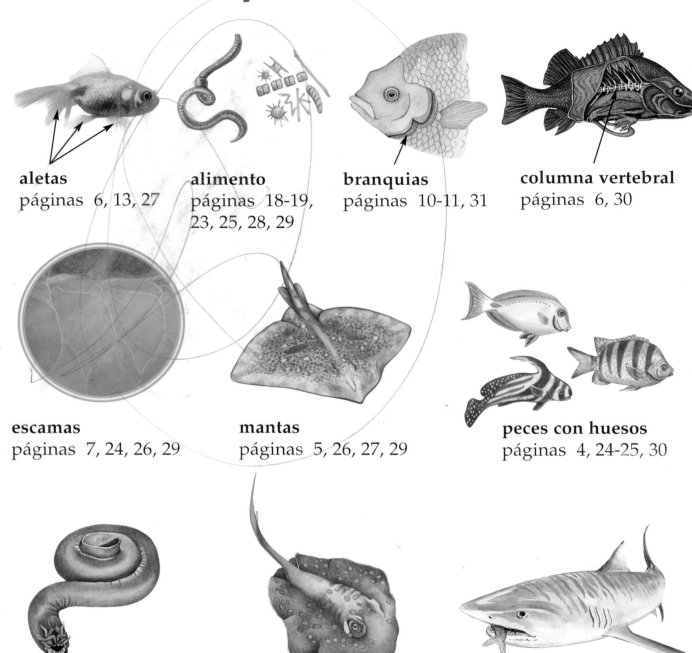

aletas
páginas 6, 13, 27

alimento
páginas 18-19,
23, 25, 28, 29

branquias
páginas 10-11, 31

columna vertebral
páginas 6, 30

escamas
páginas 7, 24, 26, 29

mantas
páginas 5, 26, 27, 29

peces con huesos
páginas 4, 24-25, 30

peces sin mandíbula
páginas 5, 28-29

rayas
páginas 5, 26, 27, 29

tiburones
páginas 5, 26, 29

1 2 3 4 5 6 7 8 9 0 Impreso en Canadá 5 4 3 2 1 0 9 8 7 6

Salinas Public Library
El Gabilan